AF266926

P.-L. TARGET

ANCIEN DÉPUTÉ

ÉLECTIONS DU 21 AOUT 1881

APPEL AU BON SENS

PRÉCÉDÉ D'UNE

LETTRE DE M. VACHEROT

MEMBRE DE L'INSTITUT

Prix : 50 centimes

PARIS

E. DENTU, LIBRAIRE-ÉDITEUR

PALAIS-ROYAL, 15-17-19, GALERIE-D'ORLÉANS

APPEL AU BON SENS

P.-L. TARGET

ANCIEN DÉPUTÉ

ÉLECTIONS DU 21 AOUT 1881

APPEL AU BON SENS

PRÉCÉDÉ D'UNE

LETTRE DE M. VACHEROT

MEMBRE DE L'INSTITUT

Prix : 50 centimes

PARIS

E. DENTU, LIBRAIRE-ÉDITEUR

PALAIS-ROYAL, 15-17-19, GALERIE D'ORLÉANS

5 Août 1881

CHER MONSIEUR TARGET,

J'ai lu avec le plus vif intérêt les lettres que vous venez de publier dans le *Moniteur du Calvados* : j'y ai retrouvé le collègue libéral et patriote que j'avais eu la bonne fortune de connaître à l'Assemblée nationale de 1871. Alors, déjà nous étions d'accord, vous à droite, et moi à gauche, pour concourir, sans préoccupation de parti, sans autre passion que celle du bien public, à l'œuvre de réorganisation à laquelle nous avait conviés l'homme illustre que la confiance du pays et du parlement, avait mis à la tête du gouvernement.

Tout était à refaire après cette effroyable guerre de 1870 : gouvernement, administration, finances, armée et tout se refaisait, sous ce pacte patriotique de Bordeaux qui fut, pour notre pauvre France, une véritable trêve de Dieu.

Le pays se relevait si bien qu'en 1875, notre grand
et clairvoyant ennemi en conçut de l'inquiétude et
songea un instant, à interrompre l'œuvre qui, à ses
yeux, s'accomplissait trop rapidement. Vous en sa-
vez quelque chose, vous le ministre de France à La
Haye, qu'une noble Reine honorait de sa bienveil-
lance. — En sommes-nous là, depuis que le gouvernement a passé dans les mains d'un parti qui, en
face de l'étranger, ne veut voir d'ennemis qu'à l'in-
térieur ? M. de Bismark est tranquille maintenant ;
il nous parle d'alliance, de conquêtes en Afrique et
partout où nous tournons le dos à la frontière de l'Est.
Est-ce parce qu'il nous croit plus forts, qu'il nous
offre son amitié ?

Non, il sait bien, que nous ne pouvons être forts
que par l'union et que la politique qui nous divise
sera toujours un obstacle à la restauration de notre
puissance.

C'est bien le moment, à la veille des élections, de
demander au gouvernement de passion et de parti
qui a rompu la trêve de Dieu, ce qu'il a fait de la
France et je vous loue, hautement, d'avoir ce courage
devant l'apathie des uns et le parti pris des autres.
Vous et moi nous adressons la même prière aux libéraux et aux conservateurs de toute origine. La situation que nous a faite la politique qui a prévalu dans
les conseils du gouvernement, ne saurait être plus
claire, malgré l'équivoque sous laquelle on s'obstine
à la cacher. La lutte n'est pas entre la Monarchie et
la République ; elle est entre Jacobins ou radicaux,

d'une part, et libéraux ou conservateurs, de l'autre. Ne nous lassons pas de le répéter au pays, puisque nos adversaires ne se lassent pas de lui crier : république ou monarchie. — Vous essayez de lui ouvrir les yeux et les oreilles. Vous le faites en si bon langage que ce serait à désespérer de son bon sens, s'il ne finissait pas par vous écouter et vous comprendre.

Agréez, cher ancien Collègue, mes sentiments de vive amitié.

E. VACHEROT.

APPEL AU BON SENS

Première Lettre.

31 juillet 1881.

MONSIEUR LE DIRECTEUR,

Vous me demandez de résumer, en quelques lettres, dans le *Moniteur du Calvados*, les idées que j'exposais devant vous, il y a peu de jours, sur la conduite que doivent tenir les conservateurs libéraux dans les prochaines élections.

L'œuvre à laquelle vous me conviez est ingrate; ce n'est pas une série d'articles de polémique contre les actes du gouvernement que vous souhaitez; je ne pourrais, en effet, que répéter, et avec moins d'autorité que d'autres écrivains, leurs critiques sur la politique générale du gouvernement; ce que vous me demandez, si je vous ai bien compris, c'est, après avoir jeté un coup d'œil d'ensemble sur cette politique et sur ses funestes effets, d'indiquer le principal moyen d'y porter remède.

Cette tâche, je l'avoue, m'effraie un peu et cependant je vais essayer de la remplir, car, plus que jamais, il est du devoir de tout bon citoyen de ne pas se désintéresser, par un commode silence, de la chose publique.

Les causes du mal dont souffre la France sont multiples; la principale, à mon sens, provient de la composition actuelle de la Chambre des députés. Partagée entre une minorité dont les attaques sont dirigées autant contre les institutions actuelles que contre les actes des détenteurs du pouvoir, et une majorité qui, pour affirmer la République, la compromet en provoquant souvent et en acceptant toujours les mesures les plus opposées à la liberté, une telle assemblée ne peut pratiquer cette politique *de bon sens moyen* que M. Gambetta recommandait, il y a quelques mois.

Par le temps qui court, cette politique de transactions et d'accommodements avec les faits accomplis, serait cependant la meilleure, parce qu'elle est la seule possible. — Serait-il donc si difficile d'en assurer le succès ? Je ne le pense pas ; il suffirait que les conservateurs, au lieu de s'abstenir, prissent part à la lutte électorale, et que se plaçant sur le terrain constitutionnel, ils eussent pour unique préoccupation d'opposer à l'incessante propagation d'idées qu'ils considèrent, à bon droit, comme erronées et subversives, l'affirmation des principes sans lesquels une société est fatalement condamnée à périr.

Assurément, les prochaines élections confirmeront le maintien des institutions actuelles ; ce n'est certainement pas parce que la grande majorité du pays éprouve une sympathie pour la forme, et surtout pour la politique du gouvernement ; c'est parce qu'il sait que les brusques changements, la révolution, pour nous servir du mot consacré, engendrent toujours des perturbations nuisibles à ses intérêts.

Non, assurément, les maîtres actuels de la République n'ont pas à s'attribuer le mérite d'avoir rallié à la forme républicaine la majorité du pays électoral : je n'en veux d'autre preuve que les élections municipales du mois de janvier dernier, qui, quoi qu'on en ait dit, témoignent d'un sentiment de répulsion contre leur politique et leurs actes. Ce ne sont pas non plus les utopies révolutionnaires qui ont séduit l'imagination du pays : sauf dans quelques grandes villes où les foules, ouvriers qui souffrent ou qui rêvent, oisifs pour qui l'agitation est un besoin ou un amusement, sont en proie aux coureurs de popularité, la grande majorité des électeurs est conservatrice de tout ce qui existe, y compris la République.

On peut ne pas aimer le gouvernement républicain pour lui-même, et surtout ne pas aimer ce qu'il fait présentement : il a, d'abord, le grave inconvénient de ne pas donner la sécurité du lendemain, sans laquelle il ne saurait y avoir pour un peuple ni prospérité, ni grandeur : tel quel, pourtant, ce gouvernement existe, et en voilà assez pour que les conservateurs libéraux qui, pas plus qu'en 1875, n'ont rien à mettre à la place, cessent, par leur abstention ou leur indolence, d'augmenter la force et l'influence de leurs adversaires, en se désintéressant de la prochaine lutte électorale. — Quoi qu'ils disent et quelques excuses qu'ils allèguent, il n'en est pas moins vrai qu'en désertant la lutte, ils rendront le triomphe facile à ceux qu'ils ont le devoir de combattre.

A chaque élection partielle, le nombre des votants diminue : aujourd'hui, les circonstances sont assez graves pour qu'ils fassent un suprême effort dans l'intérêt même du pays, que l'on mène on ne sait où, sous un gouvernement qui n'a de parlementaire que l'enseigne et où les influences réelles opèrent, s'il est permis de s'exprimer ainsi, dans la coulisse et font manœuvrer les détenteurs apparents du pouvoir, comme des pantins au bout de fils, que l'on s'efforce, sans grand succès, de rendre imperceptibles.

La politique n'est pas une science exacte, s'appuyant sur des règles invariables : elle n'est que la résultante d'événements auxquels sa direction doit être subordonnée. Que l'on regrette que la France n'ait pas su, dans l'intérêt de son avenir, diriger les yeux vers un antique palais, tout plein encore, malgré les traces du pétrole, des glorieux souvenirs de l'histoire ; que l'on trouve regrettable, aussi, qu'elle ne comprenne pas que, pour le bien de l'Etat, il ne faudrait pas que les plus nombreux fussent les plus puissants, pensée exprimée par Cicéron, dans cette phrase d'une concision énergique (*ne plurimum valeant plurimi*). Je puis concevoir et partager ce sentiment et cette pensée, mais je maintiens qu'en politique, à moins de se réduire au rôle bien ingrat et souvent coupable de boudeur et de misanthrope, il faut savoir se placer en face des réalités. Celle du moment s'imposant à tous, c'est le suffrage universel, souverain maître et dangereux despote, qui, cependant, ne demande, peut-être, qu'à être éclairé : il aurait besoin d'apprendre à distinguer parmi les hommes qui briguent ses faveurs, ceux dont l'ambition se borne au service des intérêts publics, et ceux qui, sous le prétexte de défendre les institutions républicaines, ont réussi à s'emparer de toutes les places dont le pouvoir dispose, dans un pays centralisé comme le nôtre. Il s'apercevrait sans doute qu'après avoir proclamé bien haut leurs principes austères et leurs vertueuses maximes, nos gouvernants en sont arrivés à rejeter un masque gênant?

Que font-ils, en effet, aujourd'hui, des principes libéraux naguère si éloquemment invoqués par eux? Qu'est devenue la liberté, et ne lui a-t-on pas préféré la pratique de cet adage cher à tous les despotismes: *Salus populi suprema lex*? La loi méprisée, la main mise par l'administration, sur la liberté de conscience, sous le double prétexte de la séparation des pouvoirs et de l'intérêt de l'Etat: les droits du père de famille chrétien, protestant ou catholique, méconnus; la courtoisie même envers les vaincus de l'heure présente, cette courtoisie de bon goût qui, pour le vainqueur, est le respect de soi-même, dédaignée ou plutôt ignorée! voilà avec quel cortège apparaît aujourd'hui, aux yeux de tous, la République.

Tel est le résumé de plus d'un entretien; mais combien se trouve-t-il de gens pour ajouter qu'il n'y a rien à faire et qu'il convient d'attendre passivement comme un fakir de l'Orient, ce que nous réserve l'avenir? Serait-ce donc là une conduite sage et patriotique?

Je ne le pense pas, et je vous prie de me permettre d'exposer ici mes raisons, sans engager, bien entendu, en aucune manière, l'attitude que votre journal croira devoir prendre dans la prochaine lutte électorale. Je me propose uniquement de combattre les tendances abstentionnistes d'un grand nombre de nos amis et de prouver que sous la République, comme autrefois, sous l'Empire, nous devons, quel que soit le mode de scrutin, nous rallier à ceux que nous saurons décidés à défendre résolument le drapeau sur lequel seront imprimés en caractères inaltérables, ces mots: Dieu, Patrie et Liberté.

Deuxième Lettre.

J'ai essayé dans ma première lettre de démontrer que l'abstention des hommes modérés, dans les prochaines élections, serait, de leur part, une faute grave ; je crois devoir revenir encore sur cet important sujet.

Pour expliquer l'attitude passive des conservateurs libéraux, on entend répéter sans cesse, qu'il n'y a rien à faire avec le suffrage universel ; qu'il n'aime ni les opinions modérées, ni les moyens termes ; qu'il n'a de goût que pour ceux qui flattent ses passions ou pour ceux qui savent lui imposer brutalement le silence. Est-ce là une calomnie ou la peinture exacte du suffrage universel ? N'y a-t-il pas là, tout au moins, une exagération de ses défauts ? Je persiste à croire que la grande majorité des électeurs, quant à présent du moins, est plus conservatrice qu'on ne le pense, et qu'elle se rallierait volontiers autour d'hommes dont le programme politique serait de mettre fin à d'inutiles récriminations, et de chercher à tirer le moins mauvais parti possible de la Constitution actuelle. Je n'hésite pas à reconnaître que le pays, consulté aujourd'hui sur la forme du gouvernement, malgré les fautes commises par ceux auxquels le pouvoir et l'administration ont été confiés depuis quelques années, plébisciterait la République, comme il a plébiscité l'Empire. Il est soumis, par instinct, ou par tempérament, plus qu'on ne le croit, aux faits accomplis.

Depuis le jour où le suffrage universel est devenu le dangereux et inévitable maître de la France, les électeurs n'ont-ils pas répondu toujours, affirmativement et à une immense majorité, aux questions posées par le gouvernement, sous la forme des deux mots — Oui ou Non ?

En 1852, aussi bien qu'au mois de mai 1869, on se plaisait à dire que les villes formeraient une sorte de majorité « de l'intelligence et des lumières » pour repousser le plébiscite. On s'est, alors singulièrement trompé. On entend souvent répéter que les

campagnes se prononceraient, aujourd'hui, contre la République.
L'erreur est la même : le pays, maintenant comme alors, ne
veut pas de révolutions, et surtout il a l'horreur de l'incertain;
il sent le mal présent, mais préfère en souffrir, plutôt que de
courir les aventures d'un brusque changement, qui, fût-il dura-
ble, apporterait toujours une certaine perturbation dans les affaires
et devrait, en cas d'insuccès, hâter le triomphe d'un radicalisme
effréné.

On oublie, enfin, qu'un plébiscite est toujours singulièrement
aidé dans un pays dont les institutions, comme les nôtres, donnent
au pouvoir central l'initiative de toutes choses, et rendent les
administrateurs irresponsables de leurs actes devant la justice
ordinaire.

Que nous éprouvions ou non du déplaisir, le pays consulté
répondrait donc, qu'il ne veut pas la destruction, mais l'améliora-
tion des institutions que l'Assemblée a été amenée à lui donner
en février 1875. — Comment les conservateurs libéraux se sont-
ils décidés à voter cette Constitution? Malgré les difficultés du
sujet, il convient de dire pour quels motifs ils acceptent la res-
ponsabilité de cet acte, qu'on se plaît trop souvent encore à leur
reprocher; ils ont tenu compte, alors, de l'état de l'opinion, qui
demandait la confirmation légale de ce qui existait de nom, depuis cinq ans, et la fin d'une situation inquiétante dans laquelle
elle voyait toujours comme une porte ouverte à la surprise. Que
pouvaient donc faire ceux-là mêmes qui s'étaient montrés dis-
posés à se rallier à la restauration, de la monarchie traditionnelle
la seule possible, lorsqu'il leur fut démontré que le représentant
de la royauté, exigeant la réintégration du droit monarchique,
indépendant et souverain, n'acceptait aucun acte constitutionnel,
sous la forme d'un contrat, admis d'avance tout à la fois par lui
et par la souveraineté nationale, représentée par l'assemblée?

Devaient-ils au lendemain de l'échec de la restauration monarchique, rester sourds à la voix du pays, qui, dans toutes les élections partielles, manifestait en votant pour les candidats républicains, sa volonté d'en finir avec toutes les incertitudes et avec
un provisoire compromettant même pour ses intérêts matériels?
Ce vœu du pays, qui avait accepté, on l'oublie trop de nos jours,
les plus durs sacrifices pour la réparation de ses désastres, pour
sa rançon, pour la reconstitution de l'armée, ne s'imposait-il pas
à ceux qui avaient alors le grand et souvent le pénible honneur

de le représenter? Pouvaient-ils, s'étant toujours préoccupés uniquement de satisfaire, par leurs votes, les légitimes tendances de l'opinion publique, se river à une politique d'inertie et refuser à la France une constitution républicaine, quand on n'avait rien, absolument rien à lui offrir en échange?

Il faut, je l'ai dit déjà, savoir subordonner ses préférences personnelles aux nécessités politiques : telle a été la ligne de conduite des conservateurs libéraux en 1875; telle est aussi celle qu'ils doivent suivre actuellement; il ne s'agit pas pour eux de combattre les institutions républicaines, mais d'exercer un droit, de remplir un devoir, en demandant ce qu'est devenue, depuis quatre ans, la constitution qu'ils ont votée.

Il est indispensable qu'avant l'époque où le pays décidera de son sort pour plusieurs années, les conservateurs lui rappellent que le gouvernement actuel n'a de constitutionnel que l'étiquette, qu'au lendemain du jour où le Sénat avait repoussé, après un solennel débat, l'article 7, le pouvoir exécutif, qui n'a cependant d'autre droit que celui de promulguer les lois votées par le Parlement, est allé exhumer, pour les besoins d'une cause parlementairement condamnée, des décrets enfouis sous la poussière des archives. Il n'est pas moins nécessaire de demander compte au gouvernement des actes de ses subordonnés, exécuteurs serviles des passions de quelques conseils municipaux, fermant ici des écoles tenues par des frères, et ailleurs chassant les sœurs des hôpitaux.

Encore une fois, ce n'est pas la forme du gouvernement qui est en cause, puisque la nation, craignant de voir se renouveler, entre les partis hostiles à la République, leurs divisions passées, ne veut pas courir les risques d'un changement et que la principale victime de l'arbitraire radical, l'Église, se déclare elle-même, par la voix de son auguste chef, Léon XIII, prête à s'accommoder de tout régime qui lui laisse sa liberté d'action dans l'ordre religieux.

Ce sont les procédés du gouvernement qu'il convient de mettre en cause; c'est l'exclusion systématique de tous les hommes tant soit peu indépendants ou esclaves de leur devoir professionnel qu'ils se rencontrent dans l'administration, dans la magistrature, dans l'armée, dans la police; c'est la faiblesse avec laquelle nos gouvernants abandonnent, peu à peu, le terrain aux passions subversives, leur sacrifient ses meilleurs agents et laissent quelques conseils municipaux devenir les sosies de la Commune de Paris.

La question qui s'agitera dans les prochaines élections est bien plutôt sociale que politique ; ce sera la société elle-même qui sera en jeu. Si les conservateurs, à quelque nuance qu'ils appartiennent, ne s'unissent pas pour faire triompher les candidats résolus à en finir avec des abus et avec des procédés administratifs qui rappellent les plus mauvais jours de notre histoire ; s'ils ne s'entendent pas pour combattre les candidats dont le programme est la séparation de l'Eglise et de l'Etat, l'abolition du Concordat, la suppression du budget des cultes, l'instruction absolument laïque et gratuite à tous les degrés, la suppression du Sénat, la réforme de la magistrature, ce qui signifie tout au moins la suspension de son inamovibilité et enfin l'impôt progressif ; si les modérés s'abstiennent et ne se décident pas à tenir tête à quelques milliers d'agitateurs qui vont se mettre en campagne contre la société, sous prétexte de défendre la République ; si, se complaisant dans leur indolence, ils laissent échouer les candidats indépendants et ferment l'oreille aux attaques, aux calomnies, aux outrages dont on les accablera, ils auront plus tôt qu'ils ne l'imaginent peut-être à s'en repentir amèrement.

Nul ne saurait vraiment se prétendre indifférent à la situation intérieure et extérieure de la France : en laissant le champ libre aux intransigeants de tous les partis, les conservateurs libéraux risqueraient d'assurer à la pire démocratie une victoire dont un redoutable voisin aurait seul à se réjouir.

Dans les circonstances graves que nous traversons, l'heure est donc venue pour chacun, d'apporter sa pierre à l'édifice ébranlé : ce sera le bulletin de vote, assurant le succès de candidats qui, sans aucune arrière-pensée d'opposition systématique, sont résolus à lutter à visage découvert, pour Dieu que l'on chasse aujourd'hui de l'école, demain peut-être de l'Eglise, pour la patrie que la moindre imprudence peut compromettre, pour la liberté méconnue.

Troisième Lettre.

Je crois avoir prouvé, dans mes deux premières lettres, que les conservateurs libéraux commettraient une double faute en continuant à se placer en dehors de la Constitution de 1875, et en s'abstenant de prendre part à la prochaine lutte électorale, sous le prétexte qu'en l'état des esprits, il n'y a pas de place pour les idées modérées.

Le jour où ils diraient, et nul n'aurait le droit de mettre en suspicion leur bonne foi, qu'ils acceptent les faits accomplis, les critiques si fondées, hélas! qu'ils pourraient diriger contre la politique suivie par le gouvernement depuis 1877, exerceraient sur l'opinion une influence qui leur fait défaut aujourd'hui. Je n'hésite pas, quant à moi, à croire qu'en tous cas, ils feraient ainsi, au grand avantage du pays, acte de bons citoyens.

Le jour où les conservateurs, n'ayant pas d'autre but que d'arrêter le gouvernement sur la pente fatale où il se laisse entraîner sans résistance, viendraient exposer les abus de pouvoir et les imprudences économiques et financières de nos gouvernants, leur parole aurait plus d'autorité qu'ils ne le pensent. Le moment est vraiment venu de faire cette énumération sans passion, mais sans faiblesse.

On ne manquera pas d'opposer à ces critiques le succès éclatant de l'emprunt d'un milliard, couvert près de quinze fois. Est-ce à dire que la situation budgétaire, financière et économique de la France soit de nature à rassurer les esprits même les moins timorés? N'en déplaise à M. le ministre des finances, bien des inquiétudes leur sont permises. — Et pour ne parler, en ce moment, que des charges du budget, n'a-t-on pas le droit de s'effrayer de leur accroissement annuel? Il serait toutefois exagéré, par conséquent injuste, de dire que le gouvernement actuel est seul responsable de la situation budgétaire; l'origine en remonte aux dépenses excessives du régime impérial et surtout à l'époque néfaste où la guerre civile, succédant à la guerre étrangère, a ouvert le gouffre dans lequel s'engloutissent annuellement près de 1,300 MILLIONS, nécessaires au service de la dette publique. Mais, au lieu d'imiter l'exemple des Etats-Unis qui, chaque année, éteignent une partie de la formidable dette contractée lors de la guerre de la sécession, nous augmentons sans cesse la nôtre. Il serait plus prudent, ce semble, d'employer à l'amortissement de la dette ancienne, ces excédents de recettes sur les prévisions budgétaires, enregistrés avec une sorte d'ostentation par les documents officiels, que d'ajouter un nouveau milliard au passif de la France, qui dépassait déjà, avant le dernier emprunt, vingt-deux milliards (1).

Ne craint-on pas de tuer la poule aux œufs d'or en ne cessant de la plumer? Cet amortissement satisferait bien davantage les contribuables que les dégrèvements du sucre ou des vins, qui profitent, celui des vins surtout, aux intermédiaires, beaucoup plus qu'aux consommateurs. Ce que les contribuables souhaiteraient, ceux de nos campagnes principalement, c'est que leur cote d'impôts n'augmentât pas, presque chaque année, par l'abus du vote de centimes additionnels qui doublent et triplent souvent le principal des contributions directes. S'il survenait la moindre crise politique, industrielle ou commerciale, s'ajoutant aux souffrances de l'agriculture qui, depuis quatre années, sont à l'état permanent, il deviendrait impossible de combler les déficits des budgets de l'Etat, des départements et des communes. Comment les communes, même les plus aisées, subviendraient-elles, notamment pour l'exécution du programme d'instruction gratuite, obligatoire et laïque, aux dépenses qui vont leur être imposées ? A qui demanderait-on les ressources indispensables, sinon aux propriétaires fonciers, ce qui équivaut à dire, dans la plupart des départements, aux petites bourses? L'aisance de toutes les familles qui exploitent la terre à titre de propriétaires aussi bien que de fermiers, a singulièrement diminué depuis quelques années, et il serait impossible de

---

(1) Les intérêts de la dette consolidée portés au budget de 1882, s'élèvent à 745 millions, et si l'on y joint les autres intérêts pour rentes viagères, dettes flottantes, annuités pour pensions et dotations diverses, on arrive au chiffre de 1,272 *millions,* à payer annuellement. Dans un avenir prochain, il faudra encore emprunter (le rapporteur du budget le reconnaît lui-même) près de 97 millions, à court terme, pour les besoins du second compte de liquidation, et ensuite 1,232 millions pour les dépenses *engagées* du budget extraordinaire des exercices 1881 et 1882.

leur faire supporter une aggravation de charges, en particulier dans la contrée où la culture des céréales domine.

M. Barthélemy Saint-Hilaire disait, avec raison, le 26 juin, à la distribution des récompenses offertes aux exposants du concours régional de Versailles « qu'au milieu de l'opulence générale, l'agriculture fait entendre des plaintes qui, à beaucoup d'égards, ne sont que trop justifiées. » Mais après avoir ajouté que ces plaintes excitaient les plus constantes sympathies du gouvernement et sa vigilance, le ministre des affaires étrangères concluait ainsi : « Je vous engage, si vous me permettez un sincère avis, à compter beaucoup sur vous-mêmes et rien que sur vous : n'en appelez qu'à vos propres forces; elles sont inépuisables, tandis que celles de l'Etat, quelque grandes qu'elles paraissent, sont toujours bien bornées. »

Je ne sais si cette phrase, tout en flattant l'amour-propre de ses auditeurs, a été également appréciée par tous. Malgré la situation exceptionnellement aisée des agriculteurs de Seine-et-Oise et de Seine-et-Marne, je serais disposé à croire que plus d'un se disait en rentrant chez lui, le soir, et en compulsant son compte de profits et pertes, qu'un projet de dégrèvement des propriétés rurales ferait bien mieux son affaire.

Puisque la question douanière a été résolue, conformément, il est vrai, à l'avis de M. le ministre de l'agriculture, contre les légitimes revendications des agriculteurs, ils ont le droit de réclamer au moins une diminution des impôts qui grèvent leurs produits. Qu'on le veuille ou ne le veuille pas dans les sphères gouvernementales, c'est là l'une des questions qui s'imposeront à la Chambre prochaine ; les électeurs peuvent et doivent donc exiger, à cet égard, des explications et des engagements de la part des candidats; ils éviteront ainsi l'inconvénient grave d'être représentés, soit par des utopistes qui consommeraient la ruine de la production nationale, soit par des mandataires habitués à subordonner toutes les questions à des considérations politiques.

Jamais il n'a été plus urgent de demander aux candidats quels principes économiques dicteraient leurs votes, le jour où ils seraient investis du mandat qu'ils sollicitent. Seront-ils ou non résolus à diminuer les dépenses de l'Etat, des départements et des communes ? Voudront-ils arrêter le gouvernement de la République, qui ne saurait avoir la prétention d'être un gouvernement à bon marché (1), sur cette pente dangereuse du fonctionnarisme, plus nombreux et plus largement rétribué qu'à aucune autre époque? Il appartient donc aux contribuables de décider s'ils n'ont pas intérêt à choisir pour représentants des hommes qui contrôleraient, avec plus de soin et d'indépendance, les actes et la gestion financière du gouvernement, au grand profit des affaires et des intérêts généraux de la France.

---

(1) En 1830, la dette de la France s'élevait à . . .   3 milliards 1/2
En 1848, à.   4 milliards 1/2
En 1870, à. . . . . 13 milliards 1/2
En 1881, à plus de. . . . . 22 milliards
En 1829, dernière année de la Restauration, les dépenses ordinaires et extraordinaires ne dépassaient pas. . . . .   1,015 millions
En 1847 . . . .   1,630 millions
En 1869 . . . .   2,210 millions
En 1882, les dépenses atteindront . . . .   3,117 millions

Sans compter les crédits supplémentaires, les services d'ordre, ainsi que les budgets départementaux et communaux. Il est donc permis d'affirmer, sans rien exagérer, que les services publics atteignent aujourd'hui le chiffre écrasant de quatre milliards.

Quatrième lettre.

J'ai terminé ma précédente lettre en démontrant qu'il est du devoir de la prochaine législature d'arrêter le gouvernement dans son entraînement vers les dépenses nouvelles et improductives, et d'apporter un remède efficace aux souffrances incontestables de l'agriculture ; mais ce qui serait surtout désirable, c'est qu'elle fût animée d'un esprit d'apaisement qui a fait défaut à la Chambre dont les pouvoirs vont expirer dans quelques semaines.

La République ne saurait se consolider avec le seul concours des républicains de la veille ; depuis quatre années, le gouvernement n'a tenu aucun compte des minorités, quelquefois considérables cependant, qui se sont manifestées dans divers scrutins ; tous les intérêts cependant sont solidaires dans une société démocratique comme la nôtre, et n'est-ce pas commettre une faute lourde que de s'aliéner, comme à plaisir, une partie importante de l'opinion ?

La stabilité d'un gouvernement ne s'acquiert qu'à la condition de ne pas froisser violemment les convictions de cette fraction considérable qui, par son tempérament et ses habitudes, est disposée à donner son adhésion aux faits accomplis, sous la seule réserve de ne pas être troublée et inquiétée, sans cesse, par l'esprit de lutte et de combat qui anime les détenteurs actuels du pouvoir.

Ce dont un gouvernement doit avant tout se préoccuper, c'est d'amener à lui, par une politique modérée et conciliante, cette masse d'hommes qui demandent uniquement que la sécurité du lendemain, le respect de leurs croyances, l'ordre matériel et la paix extérieure soient garantis.

A cette condition-là seulement, le gouvernement actuel obtiendra la stabilité indispensable à une grande nation, entourée, comme la France, de puissants voisins, pour marcher dans la voie du progrès et des réformes, sans craindre des réactions aussi funestes dans leurs effets que les révolutions elles-mêmes.

Il est grand temps d'en finir avec les actes arbitraires et illégaux qui ont confisqué par voie administrative, la liberté de l'instruction et avec une politique assez faible pour laisser les conseillers municipaux revendiquer de prétendus droits qui, jadis, ont servi de prétexte à la ligue du Midi, et de point de départ aux actes criminels de la Commune.

D'où vient le mal et qui peut le guérir? Selon moi, la principale cause du mal est le fâcheux esprit que les députés ont puisé dans la candidature *officielle collective*, vice originel de la Chambre et mot d'ordre des élections de 1877.

La discussion récente provoquée par la situation de notre colonie africaine, compromise depuis le jour où le gouvernement a diminué aux yeux des Arabes, le prestige et la force de la France, en livrant à un gouverneur civil la direction des affaires algériennes, ne démontre-t-elle pas les sérieux inconvénients des candidatures patronnées par le pouvoir? Le débat avait, cependant, prouvé tout au moins l'imprévoyance de M. Albert Grévy ; l'un des députés de l'Algérie avait pu dire, en provoquant l'adhésion d'un grand nombre de ses collègues: « Il y a un fait incontestable, c'est que la confiance est détruite ; il importe de la rétablir ; je le dis franchement, plaçant l'intérêt supérieur du pays au-dessus de toute question d'amitié ou de parti, » et il déposait comme conclusion de son discours, l'ordre du jour suivant: « La Chambre, comptant que toutes les mesures seront prises pour assurer, désormais, la sécurité en Algérie, passe à l'ordre du jour. »

249 députés contre 219 décidèrent, alors, que la Chambre devait se prononcer d'abord sur cet ordre du jour ; ce premier vote semblait donc préjuger son adoption. — Ce qui se passa à la dernière minute et quelles influences firent, en quelques instants, changer d'avis quelques députés, on peut le deviner en voyant repoussé, par 16 voix, l'ordre du jour, si modéré qu'il fût.

C'est la conséquence, plus imprévue que singulière, de la situation d'une assemblée dont les membres, chargés de contrôler les actes du gouvernement, ont été désignés au choix des électeurs sous le prétexte de sauvegarder les institutions actuelles. La France devrait cependant se souvenir des malheurs accumulés sur elle par les Assemblées dont la majorité obéit, en approuvant aveuglément les actes du pouvoir, à une consigne devenue obligatoire pour les députés qui, dans les élections, recherchent ou acceptent le patronage du gouvernement.

S'il fallait en croire le président du conseil, la prochaine chambre ne compterait plus un seul député de cette sorte ; il en donnait au pays entier l'assurance, lorsqu'il s'écriait au banquet d'Epinal : « Les élections prochaines, je vous l'atteste, parce que cela dépend de nous, ne seront pas seulement libres, je voudrais dire quelque chose de plus, elles seront pures de toute ingérence dans la conscience électorale du pays : nous n'y tolérerons rien qui puisse en faire suspecter l'*immaculée pureté.* »

Attendons à l'œuvre MM. les Préfets et autres agents du gouvernement pour apprécier la portée et la valeur des paroles de M. Ferry, reproduites ici textuellement, de peur d'en affaiblir l'importance et l'éloquence.

Dans un autre passage de son discours, M. J. Ferry prédit que la future Chambre sera à la fois républicaine et modérée ; est-il bien certain de ce double résultat, et puis, que signifie sur ses lèvres, le mot modéré ?

Un journal dont on ne saurait suspecter les sympathies politiques pour la République, le *Temps,* remarquait avec raison, dès le lendemain du jour où le discours-programme du ministre a été publié, que la modération ne mérite plus son nom, quand elle consiste à flotter d'une solution à l'autre, suivant la direction du vent : « Elle n'est excellente qu'à la condition de se formuler dans un programme précis, auquel on tient bon et dont on se porte garant. M. J. Ferry nous oblige à nous en souvenir quand il s'honore d'avoir pris, avec ses collègues, l'initiative d'une réforme de la magistrature : il est très vrai que le cabinet avait primitivement proposé une solution sage, pratique, de ce grave problème ; mais au lieu de la défendre jusqu'au bout, il l'a abandonnée pour ne pas se mettre en travers des passions d'une partie de la majorité. Ce n'est plus de la politique modérée, ce n'est même plus de la politique du tout. *Les modérés qui font de la politique radicale ne valent guère mieux que des radicaux :* ces modérés-là auraient même, de plus que les radicaux, le tort de faire illusion au public sur le véritable caractère des projets auxquels de prétendues nécessités parlementaires les rallient. »

Rien n'est plus juste, et c'est pour ce motif que la France a grand intérêt à ne porter ses choix que sur des hommes qui, par la fermeté de leurs convictions et l'indépendance de leur caractère, puissent la rassurer contre les faiblesses de ces complaisants, que Molière a fustigés dans des vers trop connus pour qu'il soit besoin de les rappeler.

A propos des candidats officiels, Prévost-Paradol disait un jour, fort spirituellement, qu'un candidat agréable ou agréé était dans la situation de ces bâtiments qui sortent de nos ports avec un pli cacheté, que les commandants ne doivent ouvrir qu'en pleine mer, pour connaître leur route et leur tâche. C'est cette façon de naviguer sur l'Océan politique qu'il faut, avant tout, décourager parmi ceux qui aspirent à représenter la France.

Le décret de convocation des électeurs pour le 21 août, décret que certains journaux de gauche ont qualifié de coup de Jarnac électoral, rend toute autre question secondaire ; aussi sera-t-elle la seule que je traiterai dans ma dernière lettre

Cinquième Lettre.

L'heure est proche pour le pays, plus prochaine même qu'il ne devait le supposer, d'exercer son influence sur la politique, par le choix de ses mandataires, et cette occasion, il doit d'autant moins la négliger, qu'elle ne doit plus se représenter avant quatre ans. Voudra-t-il se donner seulement des intermédiaires auprès du pouvoir, espèce d'agents chargés d'attirer sur leurs commettants la manne officielle, en compensation de leurs services parlementaires; ignorant, d'ailleurs, s'ils se prononceraient pour la paix ou pour la guerre, pour l'Eglise ou contre l'Eglise, pour l'extension ou la restriction des libertés, pour des réformes ou le *statu quo ?* Voudra-t-il, au contraire, se souvenant des fautes commises par les gouvernements qui ne sont pas surveillés par une représentation *indépendante,* confier des mandats électifs, seulement à des hommes qui aient une opinion, un jugement à eux, et qui puissent agir selon ce qu'ils pensent?

Toute la question est là et pas ailleurs ; le danger des prochaines élections, c'est que l'administration avec le maintien du scrutin d'arrondissement surtout, agisse de la même manière que l'administration impériale ; sous le prétexte de défendre les institutions républicaines, ne pèse-t-elle pas aujourd'hui, comme alors, sur le libre arbitre des électeurs de tout le poids de ses créatures installées dans toutes les fonctions, à la condition qu'elles paient en dévouement aveugle, les faveurs dont elles ont été comblées?

Il faut que les électeurs, avant de donner leurs suffrages aux candidats patronnés par les agents de M. Constans, réfléchissent aux conséquences de leurs votes et n'oublient pas que tout candidat officiel est, d'avance, un député soumis, et, par conséquent, inapte à contrôler les actes du gouvernement qui, en réalité, l'a *investi de son mandat;* incapable aussi d'empêcher que l'on n'engage le pays dans des aventures extérieures. Il y a bien peu de mois, la France ne s'est-elle pas vue sur le point d'être entraînée, sans s'en douter, dans une guerre qui pouvait mettre, d'après les termes de la circulaire de M. Barthélemy-Saint-Hilaire, à feu et à sang, non seulement la Grèce et la Turquie, mais l'Europe et l'Asie elle-même? N'avons-nous pas encore à craindre des complications du côté de l'Orient, par suite des imprudences commises par les prédécesseurs du ministre actuel des affaires étrangères ; les difficultés que nous rencontrons en Afrique, à Tunis et même dans la province d'Oran, ne sont-elles pas le contre-coup de la politique suivie au congrès de Berlin, à propos de la Grèce, et ensuite à Constantinople ?

De tels dangers ne menaceraient pas la France, avec des députés dégagés de toute obligation envers le pouvoir et par là même en situation d'exercer une active surveillance sur tous ses actes. L'intérêt du pays et même celui du gouvernement exigent qu'il en soit ainsi ; pour que ses défenseurs se fassent écouter, il faut qu'ils soient respectés, et pour qu'ils soient respectés, il faut qu'on n'ait aucun motif de suspecter la sincérité de leurs convictions.

Que doit être un député ? On peut le dire en deux mots : serviteur du pays toujours, courtisan obligé du pouvoir, jamais!

Les conservateurs libéraux ont donc un impérieux devoir à remplir : ils doivent user de leur influence, se servir de tous leurs moyens d'action dans les réunions publiques et privées, pour éclairer leurs concitoyens et les convier à l'union contre tout candidat qui ne répudierait pas la politique financière qui escompte, sans prudence ni mesure, en travaux souvent improductifs, les ressources du présent et celles de l'avenir ; la politique économique qui veut monopoliser, entre les mains de l'Etat, les associations de crédit, les Sociétés d'assurances aussi bien que les compagnies de chemin de fer ; la politique qui se propose de détruire l'indépendance de la magistrature, en supprimant son inamovibilité; la politique qui s'ingénie à faire de notre armée, si vaillante et si forte encore, une garde nationale sans unité et sans cohésion; la politique qui, après avoir réformé le Sénat, compte bien le supprimer; la politique des décrets du 29 mars, qui entraîne la suppression de l'enseignement libre, celle, enfin, de la laïcisation des écoles et des hôpitaux.

Qu'on ne l'oublie pas, c'est cette politique qui prévaudra si les conservateurs n'unissent pas leurs efforts contre les candidats patronnés et soutenus par le gouvernement. Tout candidat agréable ou agréé s'associera, par avance, à toutes les conséquences de cette politique qu'ont répudiée, cependant, des républicains de la veille, comme M. J. Simon et M. Lamy, dans d'éloquents discours à la Chambre et au Sénat, ou d'autres, comme MM. Littré et Dufaure, qui, eux aussi, ont donné tant de preuves irrécusables de leur dévouement aux institutions actuelles. Peu de jours avant que la France et le Sénat eussent à déplorer leur mort, l'un et l'autre s'efforçaient de sauvegarder la liberté des atteintes que lui porte, d'un cœur léger, le président actuel du conseil, successeur de M. de Freycinet, renversé du pouvoir, il y a moins d'un an, comme suspect de modérantisme ! !

Suivons l'exemple suprême que nous ont donné les Dufaure et les Littré ; combattons résolument pour la liberté et la défense de nos droits les plus chers ; quel que soit le résultat de la lutte, nous aurons au moins fait notre devoir. — A l'œuvre donc !

Paris. Imp. P. DUBREUIL, rue des Martyrs, 13 et 18 bis.